ANALIZA KSIĄŻKI

AF131396

Lolita

· · · · · · · · · · · · · ·

Vladimir Nabokov

ANALIZA KSIĄŻKI

Napisany przez Margot Pépin
Przetłumaczony przez Kâmil Kowalski

Lolita

· ·

Vladimir Nabokov

VLADIMIR NABOKOV

AMERYKAŃSKI PISARZ ROSYJSKIEGO POCHODZENIA

- **Urodził się w Petersburgu w 1899 r.**
- **Zmarł w Szwajcarii w 1977 r.**
- **Godne uwagi prace:**
  - *Obrona* (1930), powieść
  - *The Gift* (1937), powieść
  - *Lolita* (1955), powieść

Vladimir Nabokov urodził się w 1899 roku w arystokratycznej rodzinie rosyjskiej. Podczas rewolucji rosyjskiej został zmuszony do opuszczenia ojczyzny i uciekł do Europy, gdzie rozpoczął studia literackie i napisał swoje pierwsze dzieła. Wydał przede wszystkim *Obronę* (1930) i *Dar* (1937), które przyniosły mu uznanie jako pisarzowi rosyjskojęzycznemu.

Nabokov przeniósł się do Stanów Zjednoczonych i w 1945 roku uzyskał amerykańskie obywatelstwo. Odmówił powrotu do ZSRR i pisał po angielsku. Dzięki nowej publiczności zyskał sporą sławę. Jego sława wybuchła na skalę światową w 1955 roku wraz z publikacją *Lolity*. Później opublikował wiele powieści. Zmarł we Francji w 1977 roku. Był kluczowym pisarzem XX wieku.

LOLITA

POWIEŚĆ SKANDALIZUJĄCA

- **Gatunek:** powieść
- **Wydanie referencyjne:** Nabokov, V. (2000) *Lolita*. London: Penguin.
- **Wydanie pierwsze:** 1955.
- **Tematyka:** namiętność, dzieciństwo, pożądanie, zemsta, zazdrość, mit o Salome.

Lolita to najbardziej znane dzieło Nabokova. Opowiada ona o szczególnie nieszczęśliwej namiętności czterdziestoletniego Humberta do trzynastoletniej Dolores Haze, amerykańskiej "nimfetki". Złagodzona wersja tego wątku znajduje się w *Zaklinaczu* (1939), który sam autor określa jako "pierwsze małe uderzenie *Lolity*".

Amerykańskie firmy wydawnicze jednogłośnie go odrzuciły, więc rękopis został opublikowany po raz pierwszy w Paryżu w 1955 roku, jako część zbioru powieści ryzykownych i skandalicznych. Publikacja wywołała publiczny skandal, a książka została nawet kilkakrotnie wycofana z obiegu.

STRESZCZENIE

Książka zaczyna się od notki od redaktora, w której stwierdza, że historia oparta jest na rękopisie Humberta. Informuje nas, że ten ostatni zmarł w więzieniu i że Lolita również umarła. To wstawiennictwo fikcyjnego redaktora ma na celu nadanie tekstowi realistycznego, autobiograficznego wymiaru.

MIŁOŚĆ Z DZIECIŃSTWA, KTÓRA ZMIENIŁA WSZYSTKO

Humbert, narrator, jest mężczyzną w wieku około 30 lat. Opisuje swoje relacje z kobietami, w których dominuje pożądanie do młodych dziewcząt. Aby wyjaśnić ten pociąg, wspomina swoje dzieciństwo w Europie i "fazę Annabel" (s. 8), swoją pierwszą miłość w wieku 13 lat. Opowiada o namiętności, która połączyła go z małą dziewczynką w jego wieku i o szoku, jakim była jej nagła śmierć. W tym okresie życia upatruje przyczyny przyszłego zainteresowania "nimfetkami", które mają szczególne cechy: nimfetka musi być przedpokwitaniowa, w wieku od 9 do 14 lat. Choć jest zgrabna, niekoniecznie jest najładniejszą dziewczynką: to zależy od instynktu narratora, jedynego, który potrafi rozpoznać "nimficką naturę" (s. 10) młodej dziewczyny. Te etapy jego "przedlolitkowej" przeszłości są prześwietlone. Są tam widocznie, aby dać czytelnikowi niezbędne środki do oceny jego charakteru.

Po nieudanym pierwszym małżeństwie przenosi się do Ameryki, gdzie popada w depresję. Tam poznaje rodzinę Haze, która wynajmuje pokój w Ramsdale i opisuje swoje pierwsze spojrzenie na Lolitę, leżącą na "piazza": "…i z maty w basenie słońca, półnaga, klęcząca, obracająca się na kolanach, była moja miłość z Riviery, zerkająca na mnie przez ciemne okulary" (s. 25). Stopniowo jesteśmy świadkami początku gry w uwodzenie, prowadzonej dziecinnie przez Dolores, ale satysfakcjonującej narratora.

Od tej pory zaczyna pisać dziennik, w którym dzień po dniu opisuje swoje wszechogarniające pożądanie do młodej dziewczyny oraz próby zbliżenia się do niej. Mimochodem opisuje też matkę przedpoborowej, Charlotte Haze, którą uważa za irytującą "starą kotkę" (s. 31). Podniecenie Humberta zostaje jednak przerwane, gdy pani Haze oznajmia, że chce wysłać córkę na obóz wakacyjny. Wkrótce potem pani Haze niespodziewanie deklaruje mu swoją miłość. Humbert jest początkowo odepchnięty tym pomysłem, ale szybko dostrzega szansę, jaka się przed nim otwiera: możliwość przebywania w pobliżu swojej nimfetki bez końca ("Wyobrażałem sobie […] wszystkie przypadkowe pieszczoty, jakich mąż jej matki będzie mógł udzielać swojej Lolicie. Trzymałbym ją przy sobie trzy razy dziennie, codziennie", s. 46). Dlatego zgadza się na ślub z panią Haze i zostaje ojcem Lolity.

Następnie dziennik opisuje pięćdziesiąt męczących dni spędzonych w towarzystwie Charlotte Haze. Świat narratora załamuje się, gdy jego żona ogłasza decyzję o wysłaniu Dolores na stałe do szkoły z internatem: jest w pułapce. Ale wypadek kończy ich okrutne małżeństwo: Pani Haze znajduje pamiętnik męża. Zdruzgotana ucieka z domu i zostaje potrącona przez samochód. Umiera, tak jak w szalonych snach Humberta. Zaczyna się nowe życie.

WSZECHOGARNIAJĄCA PASJA

Humbert idzie po Dolores z obozu, jako jej ojciec. Mówi jej, że jej matka jest chora i że jadą do niej do szpitala. Dziewczynka natychmiast rozpoczyna ponownie swoją naiwną grę w uwodzenie. Noc spędzają w hotelu. To właśnie wtedy, według Humberta, Lolita wyznacza punkt zwrotny w ich związku, który do tej pory był niewinny: "Myślałem, że miną miesiące, może lata, zanim odważę się ujawnić Dolores Haze; ale o szóstej była już obudzona, a o szóstej piętnaście byliśmy technicznymi kochankami. Powiem ci coś bardzo dziwnego: to ona mnie uwiodła" (s. 88). Lolita jest jednak przygnębiona i wydaje się rozumieć i żałować tego, co się stało. Narrator mówi jej również o śmierci matki. W konsekwencji stał się jedyną rodziną, jaką posiada.

Narrator opowiada o niekończącej się podróży, przypominającej niekończącą się ucieczkę, którą odbywa z Lolitą przez Amerykę, od moteli do bungalowów, od kłótni do przebaczenia: "Byliśmy wszędzie. Tak naprawdę nic nie widzieliśmy" (s. 115). Między Humbertem a Lolitą powstaje napięta relacja, oparta na szantażu i kłamstwach. Humbert w końcu decyduje się zakończyć ich podróż, zarówno z nadzieją na odzyskanie normalnego życia, jak i z powodów finansowych. Przeprowadzają się do Beardsley, gdzie Lolita wraca do prywatnej edukacji. Tam ma lekcje dramatu i występuje w sztuce pisarza Quilty. Próbuje też mieć więcej swobody, ale narrator odmawia. Humbert tymczasem znalazł pracę: został profesorem uniwersyteckim. Jednak zmartwienia i zazdrość stopniowo go trawią. Po kolejnej ostrej kłótni młoda dziewczyna pyta, czy mogą znów wyjechać w podróż.

Para wyrusza w podróż, której trasę wyznacza Lolita. Humbert szybko zauważa, że mężczyzna podąża za nimi i próbuje nawiązać kontakt z młodą dziewczyną. Lolita gra na dwie strony, ale narrator postanawia to zignorować. Kiedy jednak choruje i trafia do szpitala, w "fatalnym Elphinstone" (s. 163), wykorzystuje okazję i ucieka z tajemniczym mężczyzną, którym okazuje się być Quilty. Przyznaje później Humbertowi, że był to "jedyny mężczyzna, za którym kiedykolwiek szalała" (s. 181).

Humbert jest głęboko zraniony i wyrusza, aby ją odnaleźć, pytając w motelach, gdzie jej porywacz pozostawia szydercze wskazówki. Zdruzgotany, w końcu porzuca swoją misję. Rok później poznaje Ritę, która staje się jego partnerką i źródłem wsparcia: "[…] była najbardziej kojącym, najbardziej rozumiejącym towarzyszem, jakiego kiedykolwiek miałem, i z pewnością uratowała mnie od domu wariatów" (s.172). Kilka lat później otrzymuje list od Lolity: jest zamężna, w ciąży i chce pieniędzy od "drogiego taty" (s. 177). Natychmiast udaje się pod adres młodej kobiety i jej męża, Dicka. Dolores nie ma już cech "nimfetki", ale miłość "od pierwszego wejrzenia, od ostatniego wejrzenia, od zawsze i na zawsze", którą wzbudza w Humbercie, zmusza go do poproszenia jej, by z nim uciekła. Ona odmawia, ale w końcu mówi mu o swoim zniknięciu z Quilty. Dowiadujemy się, że wykorzystał ją i porzucił. Humbert jest w szoku. Idzie do domu Quilty'ego z bronią. Quilty jest pijany i niespójny. Narrator poddaje go psychicznym torturom poprzez rodzaj symbolicznego procesu i mści się na Lolicie, katując go jak zwierzę.

STUDIUM POSTACI

HUMBERT HUMBERT

Humbert Humbert to zarówno postać narratora, jak i główny bohater *Lolity*. Urodził się w Paryżu w 1910 roku. Reprezentuje archetypowego wyrafinowanego i kulturalnego Europejczyka: jest prywatnym intelektualistą, profesorem literatury i specjalistą, kiedy tylko przyjdzie mu na to ochota. Jego wygląd fizyczny nie jest opisany: wiemy, że nie jest niczym szczególnym, ale że jest uwodzicielski i ma powodzenie u kobiet.

Humbert jest bardzo niestabilny psychicznie – dwukrotnie zostaje zatrzymany na oddziale psychiatrycznym. Jest kłamcą i manipulatorem, świadomym swojej intelektualnej wyższości. Nie przejmuje się zwykłymi konwenansami i nie stara się przestrzegać norm społecznych. Pasja do Lolity stanowi centrum jego egzystencji, poza nią nie potrafi nawiązać kontaktów społecznych. W ten sposób jest wiecznie niezsynchronizowany z rzeczywistością.

Związek, który zawarł w wieku 13 lat, jest integralną częścią zrozumienia jego postaci: "W gruncie rzeczy mogłoby w ogóle nie być Lolity, gdybym pewnego lata nie pokochał pewnej młodejdziewczyny-dziewczyny" (s. 5). Wydaje się, że szok po śmierci ukochanej uwięził go na tym etapie życia; obsesja na punkcie młodych dziewcząt świadczy o poszukiwaniu miłości, którą stracił zbyt wcześnie.

DOLORES HAZE

Dolores urodziła się w 1935 roku. Wychowywała ją matka, Charlotte, z którą nie dogaduje się szczególnie dobrze. W chwili rozpoczęcia opowiadania ma 12 lat. Humbert opisuje jej wygląd fizyczny w wielu miejscach. W jego oczach jest ona prawdziwym wcieleniem "nimfetki". Dowiadujemy się, że jest smukła, ma piegi i kasztanowe włosy.

Lolita to żywiołowa i bezczelna młoda dziewczyna. Nawet w opinii Humberta nie jest zbyt inteligentna i jest raczej płytka. Jest przedstawiona jako końcowy efekt masowego, konsumpcyjnego społeczeństwa amerykańskiego lat 50. W powieści, choć to ona jest widocznym inicjatorem pierwszych romantycznych relacji z narratorem, to jednak pozostaje przytłoczoną ofiarą wydarzeń. Jest naiwną, zagubioną sierotą, a przez to łatwym celem dla Humberta i Quilty'ego. Nigdy nie osiąga statusu "kobiety".

CHARLOTTE HAZE

Charlotte Haze jest wdową po Haroldzie E. Haze i niedawno zamieszkała w Ramsdale. Choć często jest opisywana przez Humberta bardzo negatywnie, przyznaje on, że jest to piękna kobieta, o zauważalnie wzmożonej kobiecości. Podobnie jak jej córka, Charlotte jest nieco wulgarna, niezbyt kulturalna i mało rozgarnięta. Sposób, w jaki opisuje ją narrator, jest jednak w oczywisty sposób mało wiarygodny i czytelnicy muszą sami ocenić jej charakter.

Nie jest często obecna i pełni w opowieści rolę drugoplanową, co widać po niewielkiej ilości informacji, jakie o niej poznajemy. Jest jednak ważną postacią w utworze ze względu na swoje relacje z córką. Nie jest wcale pobłażliwa dla Dolores i jest o nią zazdrosna: wydaje się, że postrzega ją bardziej jako rywalkę w dążeniu do uczucia Humberta niż jako swoją córkę. Podnosi ją do rangi "kobiety niepełnowartościowej", co ma wiele konsekwencji.

CLARE QUILTY

Clare Quilty to postać niewidzialna, a jednak wszechobecna. Wspomina się o nim regularnie, ale zawsze pośrednio, czy to mówiąc o nim przez innych bohaterów, czy po prostu w postaci jego głosu ("Już miałam się odsunąć, kiedy jego głos do mnie przemówił", s. 84), aż do pojawienia się w finałowej scenie zabójstwa. Domniemana obecność Quilty'ego czyni go postacią groźną. Rozsiane po całym utworze aluzje na jego temat wskazują na jego znaczenie.

Clare Quilty to średnio znany dramaturg i istota dekadencka. Można go postrzegać jako współczesnego sobowtóra Humberta. Obaj są w tym samym wieku, używają tego samego typu języka i obaj pożądają Lolity. Ich ostateczna konfrontacja jest więc nieunikniona. Zabijając go, Humbert jednocześnie karze siebie za swoje "zbrodnie", które są podobne, tylko kara jest inna.

ANALIZA

FORMA AUTOBIOGRAFICZNA

Humbert, według fikcyjnego Johna Raya, rzekomego redaktora, nazwałby rękopis *Lolitą lub Spowiedzią białego wdowca*. Tytuł ten przypomina *Wyznania* Rousseau (pisarz francuski, 1712-1778), pionierskie dzieło gatunku autobiograficznego, którego parodię możemy tu dostrzec. Warto też pamiętać, że Humbert jest specjalistą od literatury francuskiej.

Narrator w istocie obala zasady autobiografii określone przez Rousseau w przedmowie: absolutna szczerość, przyznanie się do grzechów i spójność, ukazanie "całej integralności natury". Inaczej jest w *Lolicie,* w której:

- Czas jest całkowicie zdekonstruowany: opowieść składa się z zakłóceń i dygresji, nie przejmując się prawdziwym czasem trwania wydarzeń. Humbert nie respektuje linearnego charakteru swojej egzystencji i pokazuje w swoim podejściu, że chce opowiedzieć tylko to, co go interesuje (rozdziały 1-5).

- Humbert często wyraża żal i rozpacz wobec nieszczęścia Lolity: "A były takie chwile, kiedy wiedziałem, co czujesz, i było to piekło, moja mała. Dziewczynko Lolity, dzielna Dolly Schiller" (s. 189). Ale te przyznania są sporadyczne i często kierowane do przychylnego jury: "Gentlewomen of the jury! Znoście mnie!" (p.82).

Jego spowiedź cechuje nieuczciwość, samozadowolenie i mozolne usprawiedliwienia: "Postanowienie prawa rzymskiego, według którego dziewczynka może wyjść za mąż w wieku dwunastu lat [...], zachowało się jeszcze [...] w niektórych Stanach Zjednoczonych" (s. 90); "to ona mnie uwiodła" (s. 88). Szczerość bohatera jest nieustannie poddawana w wątpliwość.

• Zastanawiamy się, czy Humbert jest wiarygodnym narratorem. Wiemy, że ma problemy psychiczne (był kilkakrotnie hospitalizowany) i wiemy, że lubi kłamać. Deklaruje nawet zamiłowanie do zmyślania, co całkowicie przeczy jego twierdzeniu, że się spowiada.

W tej rzekomej biografii możemy więc dostrzec satyrę na gatunek i na jego nieodłączną hipokryzję.

ROZPALANIE MITU O SALOME

Lolitę z wielu powodów można uznać za współczesną wersję mitu o Salome, opowiedzianego w Ewangelii: Córka Herodiady, młoda dziewczyna, jest wykorzystywana przez matkę do manipulowania jej mężem, Herodem. Herodiada prosi Salome, aby dla niego zatańczyła. Urzeczony pięknem i atrakcyjnością swojej pasierbicy, mówi jej, że może go prosić o wszystko, co zechce. Żąda głowy Jana Chrzciciela na półmisku.

Narracyjne role tria są w obu przypadkach takie same – młoda dziewczyna uwodzi ojczyma na oczach matki:

Fatalna siła Salome tkwi w jej młodości i wdzięku, a także w zmysłowym tańcu. Dolores natomiast to "nimfetka", która fascynuje Humberta. Prosi ją, by dla niego zatańczyła, obiecując jej różne rzeczy. Porównanie jest więc oczywiste:

> *"W pewne przygodne wieczory, w Beardsleyu, kazałem jej także tańczyć dla mnie z obietnicą jakiegoś smakołyku lub prezentu, a [...] rytmy jej nie całkiem nijakich kończyn sprawiały mi przyjemność" (s. 152).*

Salome jest synonimem zniszczenia zarówno dla proroka Jana Chrzciciela, jak i dla króla Heroda, który traci wolną wolę i jakąkolwiek kontrolę nad swoimi działaniami. Podobnie jest z bezmyślną Lolitą, która trzyma w rękach los Humberta i powoduje śmierć Klary Quilty (a także pośrednio własnej matki).

Wreszcie Salome definiuje się jako "mit o wiecznej walce między mężczyzną i kobietą, ciałem i duchem, irracjonalnością i intelektem"[1] (Brunel, 1988). Można to odnieść także do relacji między Humbertem a Lolitą, czy też, bardziej ogólnie, do relacji Humberta z kobietami.

WPŁYW LILITH NA NABOKOVA

Lolita, pseudonim wybrany przez Humberta, nasuwa oczywiste fonetyczne porównanie z Lilith. Nabokov uwydatnia ten związek w takim oto zdaniu: "Humbert był doskonale zdolny do stosunku z Ewą, ale tęsknił za Lilith" (s. 12). Wiersz zatytułowany "Lilith", który napisał w 1928 roku, pokazuje, że rzeczywiście znał ten mit. W wierszu tym przedstawia młodą dziewczynę, która jest bardzo podobna do naszej współczesnej bohaterki.

Lilith, według tradycji żydowskiej, była pierwszą żoną Adama, zanim ten odesłał ją z ziemskiego raju. Następnie stała się sukkubem (demonem, który przyjmuje postać kobiety, aby uwieść mężczyznę). Jest wcieleniem demona seksualnego, femme fatale i dominatrix.

Humbert wielokrotnie podkreśla demoniczną stronę swojej ukochanej, i w ogóle "nimfetki": "[...] ich prawdziwą naturę, która nie jest ludzka, lecz nimficzna (czyli demoniczna)" (s. 10). Podobnie jak Lilith, Lolita odmawia podporządkowania się, zdradza mężczyznę i ucieka, skazując go na piekło. Symbolizuje zniszczenie i diabelski wpływ kobiety.

Lilith jest antytezą archaicznej kobiety reprezentowanej przez łagodną Ewę, drugą żonę Adama, która jest jednocześnie panną młodą i matką. Charlotte Haze reprezentuje dorosłą kobiecość, którą Humbert odrzuca na rzecz Lolity. Lilith natomiast reprezentuje kobietę niepełną, odrzucającą tradycyjną seksualność i prokreację. Lolita odgrywa rolę Lilith, dziecka, którego mężczyzna nie może poślubić, ponieważ nie posiada żadnego z jego atrybutów. Ostateczną ilustracją tej niemożności bycia kobietą może być śmierć Dolores podczas porodu, rodzącej martwo urodzoną córkę. Lilith nie osiąga rangi Ewy.

POTOMNOŚĆ "LOLITY"

Słowo "Lolita" jest obecnie powszechnie używanym rzeczownikiem. Używamy go do opisania stereotypowej młodej, dorastającej dziewczyny, której zachowanie nie przystaje do jej rzeczywistego wieku. Zbytnim uproszczeniem byłoby stwierdzenie, że opis ten odpowiada oryginalnej postaci, która jest znacznie bardziej złożona i niejednoznaczna. Bohaterka Nabokova została więc wyjęta z powieści i stała się własną, nowoczesną ikoną. Postać ta uciekła od swojego autora.

Przyczyn tego wyjątkowego sukcesu można w dużej mierze doszukiwać się w kontekście publikacji dzieła: *Lolita* została opublikowana w 1955 roku, kiedy w Europie, a zwłaszcza w Stanach Zjednoczonych, kwitło społeczeństwo konsumpcyjne. Sébastien Hubier wyjaśnia ten fenomen:

> *"[Zaradne niewiniątka] są początkowo porównywane ze starożytnymi postaciami mitycznymi, zanim same staną się mitem nowoczesnym, takim, który jest bezpośrednio związany z rozwojem społeczeństwa konsumpcyjnego i erupcją kultury popularnej. Dlatego tak ściśle wiążą się z cechami i wielkimi konfliktami tej ostatniej [...]" (Hubier, 2007).*

Lolita jest więc nową figurą dziecka femme fatale, zgodną z rzeczywistością ewoluującego nowoczesnego społeczeństwa: konsumpcją jako sposobem na życie, kultem młodości i ciała itp. Reprezentuje ona wszystkie te zakłócenia.

DALSZA REFLEKSJA

KILKA PYTAŃ DO PRZEMYŚLENIA...

- Powieść przywołuje pewne klisze dotyczące różnicy między starą Europą a Ameryką. Które z nich? Jak są one zilustrowane?

- Co sprawia, że *Lolita* jest powieścią niepokojącą? Skomentuj następujący cytat: "[Humbert] jest nienormalny. [...] Ale jakże magicznie jego śpiewające skrzypce potrafią wyczarować tendresse, współczucie dla Lolity, które sprawia, że zachwycamy się książką, jednocześnie brzydząc się jej autorem!" (p. 4).

- Nabokov stwierdził: "... *Lolita* nie ma w sobie żadnego morału. Dla mnie dzieło literackie istnieje tylko o tyle, o ile zapewnia mi to, co bez ogródek nazwę estetyczną błogością..." (s. 210). Skomentuj.

- Nie pierwszy raz w historii literatury główny bohater powieści był moralnie godny pogardy. Podaj inne przykłady.

- Czy w *Lolicie* występują elementy powieści kryminalnej? Uzasadnij swoją odpowiedź.

- Jaka jest Twoim zdaniem prawdziwa rola matki w fabule *Lolity*? Czy jej relacja z córką jest znacząca?

- Jak myślisz, jak zostałaby odebrana powieść Nabokova, gdyby została wydana współcześnie?

- Lolita, stając się rzeczownikiem pospolitym, stała się ikoną współczesności. Podaj kilka przykładów powtórzeń postaci lub fabuły powieści Nabokova w literaturze, kinie, muzyce itp.

DALSZE CZYTANIE

WYDANIE REFERENCYJNE

Nabokov, V. (2000) *Lolita*. London: Penguin.

BADANIA REFERENCYJNE

Brunel, P. (1988) *Dictionnaire des mythes littéraires*. Paris: Editions du Rocher.

Couturier, M. (2010) Przedmowa. In V. Nabokov, *Lolita*. Paris: Gallimard.

Hubier, S. (2007) *Lolitas et petites madones perverses: émergence d'un mythe littéraire*. Dijon: EUD.

ADAPTACJE FILMOWE

Lolita – film Stanleya Kubricka, w którym wystąpili James Mason, Sue Lyon, Shelley Winters i Peter Sellers, 1962. Scenariusz filmu został pierwotnie napisany przez samego Nabokova, ale ostatecznie Kubrick wykorzystał go jedynie jako inspirację. Nabokov twierdził jednak, że jest zadowolony z filmu. Pozostaje on wierny książce, ale nadaje większą rolę postaci Quilty'ego, który w powieści Nabokova jest nieco drugoplanowy. Kubrick natomiast kilkakrotnie, już na samym początku, stawia Petera Sellersa na pierwszym planie: jest on też postacią mniej groźną.

Lolita, film Adriana Lyne'a, w którym wystąpili Jeremy Irons, Dominique Swain, Melanie Griffith, Frank Langella, 1997. Ten drugi film jest bardziej wierny powieści, w tym sensie, że redukuje Clare Quilty do postaci drugoplanowej i skupia się bardziej na przeszłości Humberta i jego pierwszych doświadczeniach z "nimfami". Lyne przedstawia bardziej dosadną wersję relacji seksualnych między Humbertem a Lolitą, co w latach 60. było niemożliwe, gdyż film Kubricka podlegał cenzurze.

Chcemy usłyszeć od Ciebie, co się dzieje!
Zostaw komentarz na temat swojej internetowej biblioteki
i podziel się swoimi ulubionymi książkami w mediach społecznościowych!

www.50minutes.com

Master ISBN: 9782808694575
Papierowy ISBN: 9782808615976
Depozyt prawny: D/2023/12603/1877

Verhaal: © Primento

Projekt cyfrowy: Primento, cyfrowy partner wydawców.